M. LIBRI,

LE NATIONAL ET LE MONITEUR,

Article extrait du journal l'Assemblée nationale,

N° du 14 septembre 1849,

SUIVI

D'UNE LETTRE DE M. LIBRI

A M. DE LA VALETTE,

Rédacteur en chef de l'*Assemblée nationale*.

PARIS

PANCKOUCKE, RUE DES POITEVINS, 14

1850

M. LIBRI,

LE NATIONAL ET LE MONITEUR,

Article extrait du journal l'Assemblée nationale,

N° du 14 septembre 1849,

SUIVI

D'UNE LETTRE DE M. LIBRI

A M. DE LA VALETTE,

Rédacteur en chef de l'*Assemblée nationale*.

———◆———

PARIS

PANCKOUCKE, RUE DES POITEVINS, 14

—

1850

PARIS. — TYPOGRAPHIE PANCKOUCKE, RUE DES POITEVINS, 8 ET 14.

M. LIBRI,

LE NATIONAL ET LE MONITEUR.

Une assignation lancée par M. Libri, membre de l'Institut, appelait, le 22 août dernier, les gérants du *Moniteur* et du *National* devant le tribunal de la Seine. Après un court exposé de M. Chaix d'Est-Ange, l'affaire a été remise après vacations.

Le ministère public a déclaré, en outre, que d'ici là l'instruction sera terminée et l'ordonnance de la chambre du conseil rendue.

Cette déclaration est d'un bon augure; mais, à vrai dire, nous n'y croyons pas beaucoup.

L'affaire portée par M. Libri devant les tribunaux est certainement l'une des plus étranges qui se soient produites depuis longtemps.

On nous permettra d'en faire ici le résumé historique.

Un rapport, trouvé après la révolution de Février dans les papiers du ministère des Affaires étrangères, parut dans le *Moniteur*, le 19 mars suivant. Ce rapport était signé de M. Boucly, substitut du procureur du roi près le tribunal de la Seine, et adressé à M. le Ministre de la Justice, qui l'avait communiqué à son collègue du ministère des Affaires étrangères.

Quelle influence détermina la publication de cette pièce *confidentielle* au *Moniteur*, alors que M. de Lamartine, en possession du ministère, le 19 mars, a protesté contre cette publication? C'est ce qu'on ignore.

Il faut y voir l'effet d'une malveillance systématique dont M. Libri a eu déjà à souffrir, et à laquelle la justice de son pays peut seule mettre un terme.

Que contenait cependant le Rapport de M. Boucly? Rien, si ce n'est une série d'imputations qui ne reposaient sur aucun fait réel.

Des bruits diffamatoires avaient été habilement répandus dans le public sur l'origine de la bibliothèque de M. Libri. On savait que cette bibliothèque était riche en manuscrits précieux, en collections rares; on savait, en outre, que M. Libri, à son arrivée en France, n'avait pas une fortune considérable, et on l'accusait d'avoir audacieusement profité de sa haute position dans l'enseignement public, et des missions particulières qui lui avaient été données en diverses circonstances, pour compléter sa bibliothèque à l'aide d'emprunts faits dans les établissements dont sa double qualité de membre de l'Institut et de professeur au collége de France lui ouvrait l'accès.

Ces bruits, propagés par la malveillance, avaient pris assez de consistance au bout de deux ans pour motiver le rapport de M. Boucly, chargé par son supérieur de rechercher la vérité. Or, nous l'avons dit, si ce document, soustrait par l'infidélité aux cartons du ministère des Affaires étrangères, est plein d'allégations, il ne renferme aucun fait précis sur lequel puisse reposer une accusation sérieuse.

A la suite de la publication faite par le *Moniteur* à la date du 19 mars, et de l'insertion, dans le *National* du 5 avril, d'un article portant que *M. Libri avait été condamné autrefois, en Italie, à deux ans de prison pour vol de livres dans les bibliothèques*, M. Libri, menacé dans sa liberté, et bien plus même dans sa vie, dut chercher son salut dans la fuite.

Lui parti, son domicile fut envahi, ses papiers furent saisis, ses livres emportés, ses tiroirs forcés, toute sa propriété livrée à des mains étrangères, sans qu'aucune des formalités prescrites par la loi eût été observée. Aucun mandataire de M. Libri ne fut autorisé à assister à cette spoliation ; car quel nom donner à des visites dont le plus clair résultat a été, dit-on, la disparition de valeurs représentant une somme de 45,000 francs.

Quinze ou dix-huit mois se sont passés depuis que l'accusation la plus grave qui puisse frapper un homme d'honneur a été lancée contre M. Libri ; mais la justice, saisie de cette affaire, ne s'est pas hâtée, et, disons-le, ne se hâte pas de prononcer. Cependant, M. Libri n'a rien épargné pour obtenir satisfaction : lettres, demandes, supplications, il a tout mis en œuvre, mais vainement. Une commission de trois personnes a été nommée à l'effet d'examiner les faits articulés contre M. Libri, les vagues allégations qui se sont produites, rechercher l'origine des livres trouvés en sa possession, en dresser l'état, et préparer un rapport complet. Mais ces trois personnes, payées à la journée, ne semblent pas le moins du monde pressées d'en finir. Ce sont tous les jours de nouvelles visites, de nouveaux inventaires, et il y a peu de temps encore, une semaine ou deux, que deux ou trois caisses de livres ont été enlevées du domicile de M. Libri, sous prétexte de hâter l'achèvement d'un travail qui menace de durer toujours.

On a fait à M. Libri le singulier reproche de s'être enfui au lieu d'avoir patiemment attendu les événements. Si l'on veut bien se rappeler ce qui se passait à Paris aux mois de mars et d'avril, au plus fort de la tempête révolutionnaire, alors que les ennemis politiques de **M.** Libri étaient au pouvoir, on conviendra que le reproche est au moins plaisant ; **M.** Libri aurait été mis en prison, il y serait depuis quinze ou seize mois, sous la prévention de détournement d'objets appartenant à l'Etat, et il pourrait bien, au train dont vont les choses, y rester quatre ou cinq autres mois ; or, **M.** Libri est atteint d'une maladie organique qui deviendrait mortelle après une séquestration de quelques semaines au plus.

En somme, de quoi s'agit-il ? Un homme honorable, membre de l'Institut, entouré d'amitiés considérables, revêtu de fonctions importantes, est accusé d'avoir usé de sa position officielle pour accroître sa bibliothèque aux dépens des bibliothèques publiques ; on affirme qu'il s'est fait le spoliateur de nos richesses nationales, et que, partout où il a passé, des soustractions importantes ont été remarquées. Un rapport signé par un magistrat de la royauté de Juillet accueille ces vagues accusations, mais sans préciser aucun fait ; laisse planer sur cet homme les soupçons les plus graves ; puis tout à coup ce rapport confidentiel, adressé au Garde des sceaux, est soustrait au cabinet du Ministre des Affaires étrangères et rendu public par le *Moniteur officiel* de la république.

Le savant incriminé quitte la France, se réfugie en Angleterre, sous le coup des menaces les plus violentes ; et, à l'abri des coups de ses adversaires inconnus, écrit, sollicite, appelle la lumière, se réclame de la justice de son pays, amoncelle preuve sur preuve, et la justice se tait.

Cependant alors qu'on marchande à l'accusé les moyens de se justifier, sa maison, ses papiers particuliers, ses meubles, sa bibliothèque, ses manuscrits, son argent, tout enfin est livré au hasard de fouilles et de recherches faites, qui le croirait, sans ordre et sans expertise.

Il semble, au premier abord, que lorsqu'une accusation du genre de celle dont **M.** Libri est la victime se produit, les preuves du crime ne peuvent pas manquer. Eh bien ! depuis dix-huit mois que le *Moniteur* s'est fait, à l'instigation de certains hommes, l'organe de ces accusations, aucun fait certain, irrécusable, n'a pu encore être articulé. Après dix-huit mois on en est resté aux insinuations.

Nous avons patiemment étudié cette singulière affaire, qui a ému les corps savants de toute l'Europe et la presse de l'Angleterre, de l'Allemagne, de l'Italie ; nous avons pris connaissance des écrits publiés par **M.** Libri, et notamment de sa lettre adressée à **M.** de Falloux, Ministre de l'Instruction publique, de sa réponse au Rapport de **M.** Boucly, rapport que son auteur, mieux informé aujourd'hui, ne signerait probablement pas ; de la brochure de **M.** Naudet, conservateur de la Bibliothèque nationale, de la lettre de **M.** Jubinal à **M.** Paul Lacroix, et de tous ces écrits il résulte pour nous cette conviction que, pour l'honneur du pays, il faut se hâter de terminer la plus déplorable affaire dont les annales de la justice aient retenti depuis longtemps.

Que faut-il penser de cette affaire, si étrangement engagée? Faut-il croire, comme beaucoup de personnes en position de savoir les choses, que la politique est la première, l'unique, cause des persécutions souffertes par M. Libri? On ne doit pas oublier que M. Libri, arrivé en France, à la suite de troubles politiques, fut d'abord accueilli comme un ami par les républicains de l'école du *National;* mais M. Libri était avant tout un homme d'ordre; il ne croyait pas que la république fût indispensable au bonheur de l'humanité, il se rallia à la politique de M. Guizot, et, de là, des rancunes et des haines effroyables; c'était bien plus qu'un ennemi pour le parti qui a triomphé en février, c'était un apostat.

Ainsi l'accusation lancée contre M. Libri tout à coup, brusquement, le 19 mars, et préparée par de longues et souterraines calomnies, ne serait plus que le fait d'une vengeance politique, l'œuvre d'une coterie violente, d'un parti étroit, passionné, exclusif, contre un savant illustre. Et le hasard d'une révolution portant ce parti au pouvoir, il a abusé de sa toute-puissance.

Nous voudrions pouvoir citer quelques-uns des documents accumulés par M. Libri dans les brochures et les livres qu'il a publiés pour sa défense. Rien n'est plus curieux, plus instructif, plus concluant. Mais un fait profondément triste ressort de cette défense : c'est que la totalité de nos bibliothèques et de nos établissements scientifiques est dépouillée d'une bonne partie des richesses que le temps y avait amassées.

Cette révélation a peut-être éveillé bien des colères, mais la dilapidation reste un fait acquis. Manuscrits précieux, livres rares, autographes, ont disparu, et les collections les plus importantes sont dépareillées.

On a trouvé, il est vrai, dans la bibliothèque de M. Libri, des livres et des papiers portant le sceau de plusieurs de nos établissements publics, et ses ennemis se sont écriés : « Voyez! voilà les preuves du crime! »

Preuves surprenantes, en vérité! Ne sait-on pas qu'il ne se fait pas en France, non-seulement à Paris, mais encore à l'étranger, une vente un peu considérable de livres, d'autographes, de manuscrits, d'estampes, qu'on ne retrouve dans cette vente un grand nombre de volumes et de pièces marqués de l'estampille de nos bibliothèques? Ces dilapidations ont creusé un gouffre qu'il sera presque impossible de réparer; elles durent depuis longtemps, et le commerce de la librairie a profité de nos dépouilles.

Pour ne citer qu'un fait à l'appui de cette assertion, M. Libri a envoyé à M. de Falloux un ballot contenant *deux cent sept volumes*, recueillis en quelques jours chez deux ou trois libraires de Londres. Et c'est à Berlin, à Vienne, à Francfort, dans vingt autres villes, comme à Londres. Ces livres, portant la marque de nos bibliothèques publiques, se vendent publiquement.

On estime que l'ex-bibliothèque royale a perdu, à elle seule, près de cinquante mille volumes. Les pertes de la bibliothèque Mazarine, de la bibliothèque de l'Arsenal, de la bibliothèque Sainte-Geneviève, ne sont pas moins énormes.

Un fait certain, c'est qu'on n'ose pas en publier le chiffre; le gaspillage, l'incurie le désordre ont été partout.

Qu'on nous permette de citer encore un fait : le récolement des livres imprimés du *British Museum*, a été fait en trois semaines, sans le secours d'aucun employé supplémentaire, et il a été constaté que cet établissement possédait 431,539 volumes dont *aucun n'a manqué à l'appel*. Qu'on essaye d'en faire autant aux bibliothèques de Paris, et seulement alors on saura ce qui a disparu.

Rentrons maintenant dans la question spéciale qui nous occupe.

Si les attaques dont M. Libri a été l'objet ont été vives, elles ont eu pour effet de réveiller toutes les sympathies des hommes les plus éminents de la presse à l'étranger. Mille témoignages publics lui en ont été donnés en Allemagne, en Angleterre, en Italie; et, malgré ces attaques, c'est M. Libri qu'on a chargé à Londres du récolement et du classement des livres appartenant à la bibliothèque de l'*Athenæum*. Est-ce assez significatif ?

En l'état des choses et grâce aux pièces à l'appui publiées par M. Libri, aucune des allégations fournies par ses adversaires ne subsiste. Pourquoi le procès ne suit-il pas son cours? et pourquoi le rapport des commissaires nommés n'est-il pas déposé? Qu'on y songe bien; il y va de l'honneur d'un homme connu tout au moins par ses grands travaux, ses nombreuses connaissances, les hautes positions qu'il a occupées. Il est temps que la justice prononce, il est temps que la lumière se fasse.

Quant à nous, après avoir mûrement étudié cette affaire, nous sommes déterminés à la pousser jusqu'au bout sans trêve ni repos, et nous ne nous lasserons pas que justice ne soit rendue à qui de droit.

Un mot encore. Un bruit a couru dans le temps, sans que nous puissions garantir son degré d'authenticité. On a prétendu que M. Libri avait fait sérieusement l'offre de sa bibliothèque, de ses manuscrits, de ses autographes au gouvernement fran-

çais. On comprend toute l'importance de ce fait dans la cause qui se débat, mais la vérité ne nous est pas connue. Ne pourrait-on pas remonter à la source de ce bruit, et savoir ce qu'il renferme d'exact?

Si M. Libri est coupable, il importe qu'il soit puni : si M. Libri est innocent, comme nous en avons la ferme conviction, il importe encore que les machinations inqualifiables de ses ennemis anonymes soient dévoilées. Dans les deux cas, la justice du pays doit se hâter.

A. A.

LETTRE DE M. LIBRI

A M. Adr. de la Valette,
Rédacteur en chef de l'*Assemblée nationale* (1).

———❦———

Londres , le 19 septembre 1849.

Monsieur ,

Je viens de lire dans l'*Assemblée nationale* du 14 septembre, un article dans lequel on expose avec force et vérité les circonstances principales de l'odieuse persécution dont je suis depuis dix-huit mois l'objet. Veuillez recevoir mes plus vifs remercîments pour l'appui si considérable, si efficace que vous avez bien voulu donner à ma cause. C'est celle de la justice et de la vérité, et j'ose dire qu'elle a excité les sympathies de l'Europe entière. Si les initiales placées à la fin de cet article ne m'induisent pas en erreur, je dois partager ma reconnaissance entre vous, Monsieur, qui avez bien voulu publier cet article, et un brillant écrivain qui a prêté à ma défense une plume accoutumée à tous les genres de succès. Veuillez accepter tous les deux l'expression des sentiments qu'un tel procédé a su m'inspirer.

Permettez-moi d'ajouter ici quelques éclaircissements que l'auteur de l'article semble appeler lui-même. Après avoir annoncé comme un bruit dont il ne garantit pas l'authencité, l'offre que j'ai faite, il y a quelques années, de faire don de la totalité de ma bibliothèque à la Bibliothèque royale de Paris, il se demande si l'*on ne pourrait pas remonter à la source de ce bruit et savoir ce qu'il y a d'exact* dans un fait dont on comprend *toute l'importance dans la cause qui se débat*. Permettez-moi, Monsieur, de vous affirmer, et, ce qui vaut mieux, de vous prouver, qu'il s'agit là d'un fait parfaitement exact.

Dans le § 28 bis de ma *Réponse à M. Boucly*, publiée à Londres et à Paris dès le mois d'avril 1848, j'ai raconté sommaire-

(1) Extrait du n° du 25 septembre.

ment les circonstances de cette offre toute gratuite, toute spon-
tanée de ma part. Mon offre ne fut pas acceptée parce que je
demandais que ma collection portât mon nom et demeurât
réunie sans être dispersée dans les diverses parties de cet établissement. J'ai invoqué dans cette réponse le témoignage de
M. Guizot, qui était au pouvoir lorsque je fis cette offre et
qui en fut informé. Depuis, le même fait a été reproduit dans
l'*Athenæum* du 12 mai 1849. M. de Morgan, secrétaire de la
Société royale astronomique de Londres, auteur de cet article,
déclare qu'il a vérifié lui-même le fait auprès de M. Guizot,
lequel a donné son libre consentement à ce que son nom fût
publié à cette occasion.

J'ai l'honneur de vous adresser le numéro de l'*Athenæum*
dans lequel vous trouverez ce fait raconté en détail, j'ajouterai
que les magistrats en ont été informés par différentes personnes bien instruites et qu'à son retour en France, M. Guizot
lui-même a déposé son témoignage devant le juge d'instruction
de Pont-l'Evêque. Il est donc parfaitement établi que j'ai voulu
faire don à la France de toute ma collection que des calomnia-
teurs anonymes, trop écoutés par les magistrats, m'ont accusé
d'avoir formée en dépouillant ces mêmes bibliothèques auxquel-
les j'ai voulu en faire présent.

Un autre point sur lequel je vous demanderai, Monsieur,
la permission d'ajouter deux mots, est celui dans lequel l'auteur de l'article, parlant des témoignages publics d'estime qui
m'ont été donnés en Angleterre, en Allemagne, en Italie,
parle du classement de la bibliothèque de l'*Athenæum* dont
j'aurais été chargé à Londres. Le fait n'est pas exact et je n'ai
été chargé du classement d'aucune bibliothèque à Londres.

Ce qui est vrai, ce que l'auteur de l'article a appris probablement d'une manière confuse, et qui a pu l'induire en erreur,
c'est que, pendant que l'on m'accusait en France à grand bruit
d'avoir dépouillé les bibliothèques publiques, j'étais officielle-
ment appelé devant un comité du parlement anglais pour donner des renseignements sur ces mêmes bibliothèques que j'é-
tais accusé d'avoir mises au pillage. C'est le 10 mai 1849 que
j'ai paru devant le comité de la Chambre des communes. Le
rapport du comité vient d'être imprimé, et tous les journaux
anglais l'ont reproduit. Si vous avez sous les yeux le *Morning
Chronicle* du 6 septembre dernier, vous pourrez lire en entier
le rapport dans lequel on m'a fait souvent l'honneur de citer
mon nom à la suite des noms de M. Guizot et de M. Van de
Weger, qui ont été appelés aussi à déposer devant le comité
du Parlement. Dans l'article que j'ai cité, M. de Morgan, fai-
sant remarquer avec raison que c'était là une démonstration
publique et significative de l'opinion de l'Angleterre dans cette
affaire, ajoute que si, après m'avoir dépouillé de tout ce que

je possédais, si après avoir saisi toutes mes collections, tous
mes papiers, sans inventaire, sans aucune des formalités que
la loi prescrit impérieusement, on ne se hâte pas de me rendre justice, je pourrai, en tout cas, savoir quelle est l'éten-
due de mes pertes, « mais que la France ne pourra pas con-
naître si bien les siennes, si elle persiste dans ce déni de justice !... C'est, ajoute M. de Morgan, au caractère des classes
littéraires et scientifiques que cette conduite portera surtout
atteinte, et elles s'en apercevront dans leurs rapports avec le
reste de l'Europe. »

Voilà, Monsieur, quel est le jugement que l'on porte sur
cette affaire dans un pays où le sentiment de la légalité est
dans tous les cœurs, parce que les lois y sont scrupuleusement
exécutées.

N'est-il pas fort singulier que pendant que de tous les points
de l'Europe je reçois les marques les plus honorables d'estime
et de sympathie, je me vois, depuis dix-huit mois, en France,
placé sous le coup d'un mandat d'emprisonnement préventif
sur la foi de lettres anonymes et sans qu'on ait pu encore me
faire savoir de quoi je suis accusé. Gravement atteint par une
longue maladie, j'ai vainement demandé à plusieurs reprises
aux magistrats l'autorisation de me rendre à Paris en état de
liberté, sous caution, ou de toute autre manière qui me per-
mît de repousser les odieuses calomnies dont je suis l'objet,
sans compromettre ma santé et ma vie, dans une prison où
rien ne prouve qu'on ne m'oublierait pas pendant dix-huit autres mois. Je n'ai jamais reçu de réponse, bien que mes demandes fussent accompagnées de certificats de médecins, con-
statant mon état de maladie.

Il me semble, Monsieur, que, dans un moment où les abus
déplorables ont mis la question de la liberté individuelle à l'ordre du jour, les faits que je viens de signaler à votre attention
méritent d'être pris en sérieuse considération.

Agréez, Monsieur, l'assurance de ma haute considération.

G. LIBRI.

Le Jardin des roses de la vallée des larmes, traduit du latin par J. CHENU. *Paris*, 1850, pet. in-12 de 72 pages, *tiré à* **110** *exemplaires.*
PRIX : 1 ex. sur peau de vélin, » fr.
— 2 ex. sur papier de Chine, 15 fr.
— 2 ex. sur papier lilas, 15 fr.
— 5 ex. sur papier vert, 10 fr.
— 100 ex. sur papier de Hollande, 5 fr.

Ce charmant volume, dont il ne reste qu'un très-petit nombre d'exemplaires, est une imitation parfaite des éditions publiées par les Elzevirs et offre un recueil très-varié de têtes de pages, lettres grises et culs-de-lampe employés par ces célèbres typographes.

Les Œuvres et les Jours d'Hésiode, trad. par le même. *Paris*, 1844, pet. in-12 elzev., papier de Holl. (*tirage à* **100** *ex.*) Prix...... 5 fr.

La première leçon des matines ordinaires du grand abbé des conardz de Rouen, souuerain monarcque de lordre : contre la response faicte par vng corneur, etc. *Paris*, 1848, pet. in-12 elzevirien. Prix.. 10 fr.

Charmante brochure de 12 pages d'impression, avec les têtes de pages, lettres grises et culs-de-lampe des éditions elzeviriennes, tirée à 18 exemplaires.

Le Cochon mitré. *Paris*, 1850, pet. in-12 elzev., *tiré à* **110** *exempl.*
PRIX : 1 ex. sur peau de vélin, » fr. — 4 ex. sur papier de Chine, 10 fr.
— 5 ex. sur papier rose, 8 fr. — 100 ex. sur papier de Holl., 3 fr. 60 c.

Cette réimpression, imitation parfaite des éditions elzeviriennes dont elle reproduit les ornements, est précédée d'une dissertation de M. Leber sur l'auteur du *Cochon mitré.*

Éléments de l'Univers : Mouvement et situation des corps célestes ; Phénomènes qui se forment ou qui apparaissent dans l'air; Aspect naturel de la Terre; Description des eaux; Structure et composition du Globe : — *Mosaïque* recueillie par A. LUCAS. — Un vol. grand in-18. Prix.. 2 fr.

Tableau synchronique de la vie et des ouvrages de M. T. Cicéron; par A. LUCAS. 56 pages in-8º à 2 colonnes, caractères microscopiques. Prix...................................... 2 fr.

Rapport de M. Boucly, suivi du procès intenté par M. Libri contre les gérants du *Moniteur universel* et du *National. Paris*, 1850, piqûre in-8º *tirée* à 200 *ex.* Prix.................................... 1 fr.

Aux lecteurs du bulletin scientifique du *National*, article extrait du *National*, nº du 18 mai 1849. *Paris*, 1850, piqûre in-8º *tirée* à 200 *ex.* Prix 90 c.

M. Libri, *le National* et *le Moniteur*, article extrait de *l'Assemblée nationale*, nº du 14 sept. 1849, suivi d'une Lettre de M. Libri au Rédacteur de ce journal. *Paris*, 1850, piqûre in-8º *tirée* à 200 *ex.* Prix.... 90 c.

Bibliothèque de M. Guill. Libri; — Archives et Bibliothèques de France; par M. le baron de Reiffenberg (Extrait du *Bulletin du Bibliophile belge*). 4 pages in-8º *tirées* à 200 *ex.* Prix......................... 30 c.

Observations du Conservatoire de la Bibliothèque nationale au Ministre de l'Instruction publique, sur une brochure de M. Jubinal, relative à un autographe de Montaigne; avec une Réponse de M. Paulin Paris. *Paris*, 1850, piqûre in-8º *tirée* à 200 *ex.* Prix.......... 75 c.

Réponse de M. Ach. Jubinal aux Observations du Conservatoire de la Bibliothèque nat. *Paris*, 1850, piqûre in-8º *tirée à* 300 *ex.* Prix..... 60 c.

Lettre de M. Libri à M. le ministre de la justice, suivie d'une Lettre du même à M. F***, *Paris*, 1850, piqûre in-8º *tirée à* 200 *ex.* Prix.. 90 c.

Acte d'accusation contre Libri-Carrucci. *Paris*, 1850, brochure in-8º *tirée* à 200 *ex.* Prix.................................... 2 fr. 50 c.

Affaire Libri (Arrêts et Ordonnance relatifs à l'). 4 pages in-8º *tirées* à 200 *ex.* Prix.................................... 30 c.

www.ingramcontent.com/pod-product-compliance
Lightning Source LLC
Chambersburg PA
CBHW060717280326
41933CB00012B/2460